Yedje Oscar Saturnin Tchewon

Le Fruit d'une Nouvelle Vie

Yedje Oscar Saturnin Tchewon

Le Fruit d'une Nouvelle Vie

Lisons pour se construire

Éditions Muse

Imprint
Any brand names and product names mentioned in this book are subject to trademark, brand or patent protection and are trademarks or registered trademarks of their respective holders. The use of brand names, product names, common names, trade names, product descriptions etc. even without a particular marking in this work is in no way to be construed to mean that such names may be regarded as unrestricted in respect of trademark and brand protection legislation and could thus be used by anyone.

Cover image: www.ingimage.com

Publisher:
Éditions Muse
is a trademark of
Dodo Books Indian Ocean Ltd. and OmniScriptum S.R.L publishing group

120 High Road, East Finchley, London, N2 9ED, United Kingdom
Str. Armeneasca 28/1, office 1, Chisinau MD-2012, Republic of Moldova, Europe
Printed at: see last page
ISBN: 978-620-4-96344-0

Tchewon Yedjè Oscar Saturnin

LE FRUIT D'UNE NOUVELLE VIE

Lisons pour se construire

À l'Eternel des Armées

À mon père Loho Tchewon alban venance

À mes pères, Bozon Franck,Bozon Aurélien, Oulou Denis, Loho Glarou Michel, Loho Olivier

À mes pères, Général Agbaossi, Kan Abakuk

À mes mères, Gohou Iréné, Mangnon Célestine,Guei Madeleine,

À ma grand-mère Kanon Madeleine

À mes amis, Touho Baibo Patrick Emery, Kim Kathy, Gbohouo Laurys, Gboh Jérémie, Bamba Cheick Trésor

À mes ainés, Guei Roussou, Guei Jean Christ, Guei Christian, Déli Joël

À mes frères et sœurs, Tchewon Séatizy Priscille, Tchewon Guéablé Stéphanie, Tchewon Oulidehi Jean Christ

À Tpz Services

À AGZ Event

À Nadège Gboho

À oncle Tio leroux Yves

À maman Tio Lydie

C'est l'histoire d'une jeun fille qui sort d'une famille très pauvre. Ne sachant pas comment s'en prendre aux dures réalités de la vie, la jeune Karine orpheline de père va s'adonner à la prostitution nonobstant les conseils de sa mère. Pour elle, c'était le seul moyen pour sortir sa mère et elle de la pauvreté qui dormait à leur porte. Après s'être engagée dans cette pratique en compagnie de sa camarade de classe Falonne, Karine se retrouve avec une grossesse et le VIH/SIDA.

PERSONNAGES PRINCIPAUX :

Jonas, ami à Guyzo

Guizo, ami de Jonas

Christian, jeune musicien

Falonne, amie de Karine

Laciné, frère à Karine

Karine

Mère de Karine

Christelle, amie à Karine

Infirmière

Jules

Naomi

I. TABLEAU

Dans la cour de Karine, un silence de mort règne. Une famille totalement habitée par la pauvreté qui regrette aussi la perte du pilier de la famille qui est le père. Couchée sur la veille natte, Karine se laisse emportée par les désirs de son cœur dans un profond sommeil en oubliant qu'elle doit aller à l'école. Même si elle savait qu'elle doit aller à l'école tous les matins, l'école lui garantirait-elle la réussite dont elle a besoin ?

MÈRE DE KARINE (*réveille sa fille pour qu'elle parte à l'école)*

Ma fille chérie, aujourd'hui est le début des cours alors je t'en prie réveille-toi pour t'apprêter.

KARINE (*Se sent épuisée*)

Mère laisse-moi terminer ce beau sommeil que tu veux m'arracher. Je partirai après quand j'aurai fini de dormir.

MÈRE DE KARINE (*insiste*)

Réveille-toi ma fille ! Tu sais que ton père n'est plus alors c'est sur toi que je compte pour sortir de la pauvreté. Lève-toi et vas à l'école. C'est à l'école que se trouve la réussite et non sur cette veille natte qui te fait endormir avec son odeur.

KARINE (*le visage frustré, elle se lève brusquement. Après un bain, elle prit son sac de l'école et quitta les lieux.)*

MÈRE DE KARINE

Tu ne prends pas de bain ? *(à peine, elle a déjà oublié que Karine a prit son bain comme tous les matins.)* Daigne m'excuser si je t'ai offensé mais il faut savoir que tu dois aller à l'école. (*Sans un mot, Karine continuait son chemin*)

(*Déjà, Karine revient de l'école toute épuisée.*)

MÈRE DE KARINE

Ah te voilà de retour ma fille. Bon arrivée ! Comment ont été les cours ?

KARINE

Mère, j'ai le ventre très vide alors trouve-moi quelque chose à manger avant de m'étouffer avec tes questions ni tête ni queue.

MÈRE DE KARINE (*Menaçante*)

Pourquoi réponds-tu sur ce ton ? Je suis ta mère après tout ! Et non ta camarade à qui tu as le droit de répondre n'importe comment. De grâce, je ne suis pas obligé à me décarcasser pour ta nourriture. Si tu dois t'en prendre à moi comme ça tous jours, alors tu iras chercher de la nourriture toi-même. L'un n'empêche pas l'autre…

KARINE

Mère, si tu ne le fais pas, qui d'autre le fera à ta place est-ce mon père qui est maintenant loin de nous ? Mère je ferai de mon mieux pour quitter cette calamité.

MÈRE DE KARINE

Bien parlé ! Mais j'espère que tu ne feras point de bêtise ?

Après quelques instants, où Karine s'apprêtait à manger le repas que sa mère lui avait laissé, voici sa camarade de classe Falonne qui arrive pour le retour à l'école.

FALONNE *(Salua)*

Bonsoir Maman !

MÈRE DE KARINE *(Répond avec douceur)*

Bonsoir ma fille, comment vas-tu ?

FALONNE

Je vais super bien maman ! Maman Karine est-elle là ?

MÈRE DE KARINE

Oui, elle vient à peine d'entrer dans la maison. Attend que je l'appelle pour toi, ma fille. *(Elle rentra et appela Karine)*

Karine ! *(encore une seconde fois)* Karine vient dehors, ta camarade est là.

KARINE *(Karine sort pour voir qui la demande)*

Eh Falonne comment vas-tu ? Tu es déjà prête pour l'école ?

FALONNE

Je vais bien et chez toi ?

KARINE

Ma chère, toujours le même problème. Peut-être un jour, Dieu se souviendra de nous. *(Elle l'invite malgré le repas)* Pour le moment vient et mangeons ce petit repas.

Falonne *(voyant le repas aussi petit et son allure, elle refusa l'invitation)*

Bon-appétit à toi mais je n'ai pas faim.

KARINE

Je vois bien que tu refuses de partager avec moi ce repas parce qu'il n'est pas à ton goût. Je comprends maintenant ce qui nous diffère.

FALONNE

Ce n'est pas vrai ! Ne pense pas comme ça. Je n'ai pas faim. Allé, fini de manger pour qu'on parte à l'école.

Elle fini et les deux empruntèrent le chemin de l'école. Sur le chemin de l'école, Falonne proposait à Karine de faire comme elle pour gagner sa vie. Parce que, voyant la situation de sa famille, il fallait bien écouter sa camarade.

FALONNE

Ma chère, je vois que la vie ne vous sourit pas hein !

KARINE

Que veux-tu dire par là ? Je ne te comprends pas et où veux-tu en venir ?

FALONNE

Je parle bien de la situation de ta famille, quand réussiras-tu à l'école pour que tu sortes ta mère de là ? C'est vrai que l'école est un chemin de réussite mais à ce que je sache…

KARINE *(Elle ne la laisse pas terminer)*

Non ! Non ! Non ! Je ne te permets pas de mettre ta bouche dans la situation que vit ma mère et moi. Ce n'est pas parce que, tu as derrière toi un père que tu vas t'en prendre à me parler comme ça. Toi tu vis une vie meilleure par rapport à la mienne ; je sais que quand tu claque tes doigts, l'argent de ta pommade, l'argent de ta nourriture est là.

FALONNE

Ah excuse-moi je voulais juste te faire comprendre que la réussite ne se trouve pas forcement à l'école. D'ailleurs, si tu ne veux pas m'écouter, ça n'engage que toi seule ma chère amie. Je t'informe aussi que c'est moi-même qui m'achète ma pommade. Tu es maintenant grande pour compter encore sur ta pauvre mère.

KARINE (*Elle fut automatiquement triste et pris congé d'elle.*)

II. TABLEAU

Quelques jours après, lorsque Karine allait à l'école, elle croisa un jeune du nom de Jonas qui eu l'intention de lui parler mais elle fuyait toute causerie avec les garçons. Déjà les jeunes commençaient à porter leurs regards sur elle. Elle ne tardera pas à tomber dans le jeu.

JONAS

Ma belle, bonjour ! Comment vas-tu et où vas-tu ?

KARINE

S'il te plait je suis pressé ! Tu vois bien que je suis en tenue d'école mais tu veux savoir où je vais.

JONAS

Bon ! Excuse-moi. Moi c'est Jonas et c'est quoi nom ? Ah tu ne me réponds pas ? Je pourrais te faire plein de choses que tu n'as jamais entendu parler.

KARINE (*elle ne le répondit rien et continuait son chemin. Après quelques heures de marche, elle croise encore un autre jeune.*)

J'espère qu'il ne fixe pas son regard sur moi !

CHRISTIAN *(Un jeune passionné de la musique)*

Salut la belle !

KARINE

Salut ! Que veux-tu ?

CHRISTIAN

J'aimerais qu'on devienne des amis toi et moi si tu me le permets.

KARINE

Pour faire quoi de cette amitié ?

CHRISTIAN

Rien… Juste une simple amitié ! Moi je suis musicien ; c'est elle qui est ma passion. Et toi quelle est ta passion ?

KARINE

Merci pour ton baratin jeune homme mais je dois y aller ! Prochainement tu peux bien continuer ton discours. *(Et elle continua son chemin)*

Le soir venu, Karine croise sa camarade de classe avec une autre fille de leur promotion. Elle lui raconta qui elle avait croisée.

KARINE

Ma chère, voici aujourd'hui encore, je viens de croiser un jeune qui avait l'intention de me parler mais je ne lui donnai pas l'aubaine de le faire. Après un autre vint pour me raconter aussi sa vie. C'était vraiment drôle… *(Rire)*

FALONNE

Pourquoi n'as-tu pas accepté qu'ils te filent quelques mots et d'ailleurs qui sont-ils, ces jeunes dont tu parles ?

KARINE

Le premier que j'ai croisé m'a dit qu'il s'appelle Jonas mais je n'ai aucune autre information sur lui à pas son fameux nom. Le deuxième m'a dit qu'il est musicien…

FALONNE

Bon ! Nous allons revenir dessus. Pour le moment, je te présente, notre nouvelle amie Christelle. Elle est élève comme nous et d'ailleurs de la même classe.

KARINE

Enchanté de te rencontrer ! Moi c'est Karine.

CHRISTELLE

Enchanté de te rencontrer aussi.

FALONNE

Bon ! Maintenant que vous avez fait connaissance, nous allons nous unis et ensemble, nous allons…

KARINE (*elle ne laisse pas Falonne terminer*)

Nous allons quoi ? J'espère que tu ne vas pas nous livrer aux garçons !

FALONNE

Tu aimes trop te faire des illusions. Et d'ailleurs si c'est le cas cela te servira de sous pour retirer ta pauvre mère de sa misérable vie et je ne sais quoi !

KARINE (*sur les nerfs*)

Je ne te permets pas encore une seconde fois à traiter ma mère de pauvre même si je refuse de me tendre en bas des hommes comme un matelas comme tu le fais.

FALONNE

Salle fille ! Je te préviens que si tu ouvres ta salle gueule que tu considères comme une bouche, je te ferai voir une des couleurs que tu n'as jamais vu depuis que ta pauvre mère t'a engendrée.

KARINE (*très irrité, donna une grosse paie de gifle à Falonne)*

J'espère que cette paie de gifle, te servira aussi de conscience et de respect pour les grandes personnes. Et je dis aussi que cette pauvreté ne sera pour l'Eternité.

FALONNE

C'est bien moi que tu viens de porter main ? Ce que ma mère ne m'a jamais fait ? Sache que tu viens de mettre des doigts dans la gueule du loup. Et toi Christelle, tu restes là sans réagir ?

CHRISTELLE

Je pouvais bien réagir mais laisse tomber, la prochaine fois je te promets de réagir quand tu feras encore des bêtises.

KARINE

C'est vraiment des bêtises mais il faut qu'elle contrôle sa bouche qui ne fait que la nuire.

FALONNE

C'est ce que tu dis aussi, ma chère amie. Je ne pensais même pas que tu allais un jour me laisser isoler.

Après leur dispute, Falonne resta seule. Christelle et Karine décidèrent de rester amies.

CHRISTELLE

Karine, tu vas beaucoup m'excuser. J'aimerais savoir comment va ta famille ?

KARINE

Toi aussi tu veux traiter ma mère de pauvre ? *(avec des larmes aux yeux)*

CHRISTELLE

Non… Ne te fais pas des illusions ! J'ai juste posé une question.

KARINE

Mon père nous a quittés quand j'avais à peine 9 ans et après sa mort, ma mère est restée seule pour s'occuper de mes études. Avant, elle gagnait un peu d'argent sur la route avec sa petite marchandise. Mais depuis le gouvernement à cassé les marchés, rien ne va maintenant. Chaque jour est maintenant une galère. Souvent nous dormons dans la faim… Je… je ne sais pas si Dieu existe… !!! *(En pleurant)*

CHRISTELLE

Je comprends !!! Mais comprends que chaque situation a une solution à elle. Et Dieu voit votre souffrance, il n'est pas sourd ni aveugle.

KARINE

Mais moi je crois que ce Dieu dont tu parles l'est !

CHRISTELLE

Cesse tes larmes… Allons chez moi, passer un peu de temps. *(Elles partirent chez Christelle).*

NAOMI

Jules ! Tu sais quoi,… Je ne t'aime plus ! J'en ai marre de tes paroles agaçantes !

JULES

Je dois te dire maintenant la vérité. Moi aussi je suis fatigué de tes caprices. Quand je t'avais pris du village, tu étais apparemment une femme vertueuse… aujourd'hui, tu ose lever le ton contre moi ?

NAOMI

Je crois que rien ne sera comme avant ! Si tu es capable de le faire, fais-moi retourner au village.

JULES

Tu oses me dire ça ? Tu verras… Je ferai pire que ça ! Je me prendrai une deuxième femme.

NAOMI

Fais –le ! De toutes les façons l'un n'empêche pas l'autre… *(Jules prend son sac et sort de la cour).* Tu verras ! J'abandonnerai ta vieille maison sans meubles. Je me chercherai un homme capable et non des saletés comme toi jules ! *(Sans un mot, il continuait la route)*

(Quelques semaines Jules rencontre une jeune dame du nom Christine et son comportement à la maison change)

JULES

Christine, j'aimerais que tu sois celle qui me donnera la joie. J'ai besoin de ça !

CHRISTINE

Tu es bien sûr de ce que tu dis ? Je peux bien être avec toi mais il y a des conditions un peu difficiles.

JULES

Et quelles sont ces conditions ?

CHRISTINE

Je sais que tu m'aimes. Tu sais quoi, en vérité je suis une jeune fille qui n'a jamais connu d'homme. Tu vois ce que je veux dire. *(Jules répond oui)* Alors je ne veux pas gâcher cette virginité avec quelqu'un qui ne va pas m'épouser.

JULES

Donc qu'est ce que, tu veux dire alors ?

CHRISTINE

Je veux que tu sois patient si tu m'aimes vraiment. Je viens à peine d'avoir le BAC et je compte m'inscrire dans une grande école à Abidjan pour mon BTS. Et tu sais bien que c'est deux ans pour obtenir le BTS.

JULES

Et tu es sûr que tu vas me revenir tout pareil ? Je doute un peu…

CHRISTINE

Je ne peux rien te cacher ! Je t'aime mais tu dois attendre. Je te promets te revenir sans changement.

(Jules et Christine commencent à s'aimer. Noami cherche des moyens pour rester avec Jules)

Quelques mois plus tard !

NAOMI

Chéri ! Je veux te dire quelque chose de sérieux.

JULES

Oui je t'écoute !

NAOMI

Mais calme toi non…

JULES

Oui je suis calme ! Je t'écoute parle !

NAOMIE

Je suis… Je… Je constate que je suis enceinte !!!

JULES

Tu constate que tu es quoi ??? Arête-moi ça je ne suis pas bête !

NAOMI

Je ne blague pas ! Crois-moi chéri !

JULES

Que tu blague ou pas, cet enfant n'est pas le mien et ne sera jamais le mien ! Va retrouver ton amant et donne sa grossesse ok ?

NAOMI

C'est ce que tu me dis ? Je comprends maintenant tu n'es pas fait pour moi. Tout les hommes sont pareils il n'y aucun qui soit juste et bon !

JULES

Je n'ai à foutre avec tout ça !

(Jules et Naomi ne s'entendaient plus. Lorsque Christine appelait Jules, Naomi répondait à ses appels et l'insultait)

III. *TABLEAU*

Karine se sent trop mal alaise avec cette histoire de pauvreté. Elle informe sa mère pour le nouveau chemin qu'elle veut emprunter qui est la prostitution. Malgré les conseils de sa mère, Karine veut sans doute s'engager dans ce qui pourrait nuire à sa vie. La source de cette idée provient des raisonnements de ses amies du quartier et de classe.

KARINE

Maman j'aimerais te faire une proposition.

MERE DE KARINE

La quelle, ma fille ?

KARINE

Mère je veux que tu sache que la vie que nous vivons ne me plait pas du tout. Alors comprend mon silence pour comprendre mes mots car si tu n'arrives pas à comprendre mon silence, tu ne comprendras jamais mes mots.

MERE DE KARINE

Alors, que comptes-tu faire pour résoudre ce problème ? Et d'ailleurs je vois que tu parles avec des paraboles…

KARINE

Mère, je veux… Je veux…Je…

MERE DE KARINE

Que veux-tu faire ma fille ? Il faut que tu me le dises !

KARINE

C'est bon ! Nous en parlerons la nuit. Pour le moment je vais me détendre avec mes camarades. (*Elle sortit pour aller voir Christelle)*

CHRISTELLE

Ah amie, ça fait un bon moment hein, tu m'avais oublié ou bien ?

KARINE

Non, pourquoi t'oublierais-je si vite que ça. Dis-moi, tu as les nouvelles de Falonne ?

CHRISTELLE

Certainement pas ! Et toi, as-tu ses nouvelles ?

KARINE

Non Je ne sais même pas où elle se cache dans ces temps-ci. Je crois que Christelle, les choses vont prendre une nouvelle allure.

CHRISTELLE

Qu'est-ce que tu veux dire en ces termes ?

KARINE

Ma chère, je suis fatigué de la vie que mène ma mère et moi. La perte d'un père vraiment… (*Des larmes aux yeux*)

CHRISTELLE

Alors que veux-tu faire, vas-tu suivre cette gamine dans son putting de travail ?

KARINE

Je crois bien que c'est la meilleure solution ma chère. Je ne veux pas voir ma mère souffrir comme une orpheline. J'en ai marre de cette vie de pauvreté. Regarde autour de moi comment mes amies se mettent propre alors que moi, j'ai toujours sur moi le même morceau de pagne.

CHRISTELLE

Ne t'en fait pas, Dieu va tout régler en son temps. Même si tu n'as pas assez de vêtements, je t'en donnerai pour en porter.

KARINE

Je savais bien que tu resteras mon amie depuis le premier jour de notre rencontre. Mais, tu sais quoi, laisse-moi faire cette première épreuve de ma vie.

CHRISTELLE

S'il te plait, ne fais pas cela… Je sais que c'est douloureux et ce n'est pas facile de vivre sans son père à cet âge-là. Sache que, tant qu'il y a de la vie, il y a de l'espoir.

KARINE

De quel espoir me parles-tu ! Ça fait maintenant un bon moment que j'espère toujours. Peut-être je devais maintenant m'appeler ''espoir''.

CHRISTELLE (*la pluie s'annonce, Christelle décide de rentrer chez elle)*

Comme la pluie s'annonce alors je vais prendre congé de toi mais sache que la vie continue tant qu'il y a de l'espoir.

KARINE

Ok… Je vais encore voir si je peux.

La maison que le père de Karine laissa pour le voyage vers la mort n'était pas stable et si la pluie venait fortement, le toit risquerait de se retrouver au fondement. Vite, elle courut pour la maison.

MERE DE KARINE *(Voit sa fille courir à une énorme vitesse.)*

Ma fille qui a-t-il pour que tu cours comme ça comme s'il y avait une guerre derrière toi ?

KARINE

Non mère, je sais bien que la maison n'est pas en bon état c'est la raison pour laquelle tu me vois courir comme ça comme une gazelle.

Juste après, le vent commença à souffler abondamment et la toiture de la maison qui étant du papaux, commença à s'envoler dans tout le quartier.

KARINE

Voilà ! C'est ce que je me faisais en tête qui arrive maintenant. Qu'allons-nous faire maintenant sous l'effet de ce vent qui ne voit pas notre souffrance ?

MERE DE KARINE

Apporte l'échelle qui est à l'intérieur pour que je puisse maintenir la toiture de peur que toute la maison soit détruite par le vent.

KARINE

Voilà l'échelle ! Fait attention à toi de peur que tu ne te fracasse les jambes.

MERE DE KARINE (*Ayant peur de la violence du vent et de la force de la pluie, elle se laissa emporter par le doute et tomba de tout son poids),* Aiiiiiii ! Je me suis fait mal. Mon pied…

KARINE

Maman je t'avais bien prévenu et voilà maintenant le pire. Qu'allons-nous faire maintenant ?

MERE DE KARINE

Après la pluie, chauffe de l'eau pour que tu puisses me masser.

KARINE

C'est de l'eau chaude qui sera le remède ?

MERE DE KARINE

Si nous n'avons pas les soins, que faire ?

Après la pluie, Karine chauffa de l'eau et sa mère se soigna elle-même. Le toit reste d'un côté décoiffé et la nuit est tombée.

KARINE

Mère j'avais voulu te parler ce matin de quelque chose.

MERE DE KARINE

Donc je t'écoute alors !

KARINE

Mère… Mère, je veux faire un travail rapportant de l'argent mais qui peut avoir des conséquences négatives.

MERE DE KARINE

Quel est ce travail qui rapporte de l'argent et qui peut avoir des conséquences négatives ?

KARINE

Depuis le décès de mon père, nous ne faisons que vivre le dernier degré de la misère. Chaque jour de notre vie est une misère. Pour cela, ma camarade que tu connais bien, veut nous faire sortir de cette misère qui s'accentue sur notre tête jour après jour.

MERE DE KARINE

Tu parles de Falonne ?

KARINE

Bien sûr ! J'espère que dans peu de temps, nous laisserons cette laide cabane pour une villa comme mes camarades.

MERE DE KARINE

Ma fille ! Il ne suffit pas seulement de courir mais il faut aussi partir à point. Alors qu'elle est ton intention ?

KARINE

Je vois que mère, tes oreilles ne sont pas attentifs à tout ce baratin que je viens de faire.

MERE DE KARINE

Ok fais ce qu'il te semble bon. De toute façon, je te défends de t'adonner à la prostitution.

Sur ces paroles, Karine rentra se coucher avec un visage abattu. Sa mère aussi après avoir surmontée les douleurs de son mal, rentra se coucher.

Voici, le jour s'est levé, Karine prend un balai et commença à nettoyer la cour. Sa mère fut ahurie de la voir balayer la cour.

MERE DE KARINE

Ah Dieu est merveilleux ; ma fille a sût prendre le balai aujourd'hui. (*Karine continuait à balayer)*

KARINE (*elle dit à sa mère qu'elle va chez sa camarade*)

Mère j'irai chez ma camarade après avoir terminé ce travail.

MERE DE KARINE

Pas de problème ma fille, tu peux t'en aller après le travail.

(*Après le travail qu'elle se donna, Karine sorti pour aller voir sa camarade Falonne, celle avait qui elle avait eu des disputes).*

FALONNE (voit *Karine venir, fut étonné et se prépara à une guerre)*

Ah quel bonheur ! Cette gamine a oublié qu'elle est en conflit avec moi. Je lui ferai connaitre aujourd'hui ma bravoure.

KARINE

Bonjour ma copine !

FALONNE

J'espère que tu t'ais préparé à cette bataille que tu avais déclenché depuis autrefois ?

KARINE

Non, oublions les querelles et continuons notre belle aventure.

FALONNE

Quelle est cette aventure que tu as débuté avec moi que tu aimerais bien continuer.

KARINE

Laisse le passé dans le passé et continuons notre amitié comme si rien ne s'était passé.

FALONNE

Il n'est pas question que nous nous parlions après cette honte que tu as mis sur moi comme un tampon.

KARINE

Je te demande pardon pour tout. La raison de ma visite n'est rien que le pardon sincère. Daigne me pardonner…

FALONNE

Ok je l'accepte mais ne recommence plus. Dis-moi qu'est-ce qu'il t'envoie vers moi ?

KARINE

J'ai longuement réfléchi et j'ai médité sur tout ce dont tu me disais. Après avoir analysé tes paroles, je veux faire autant pour avoir de l'argent comme toi.

FALONNE

Haha ! Voyons ça… La pierre rejetée est devenue la principale de l'angle, dit-on. Quel que soit la distance parcouru par l'urine, est revient toujours à son point de départ.

KARINE

Arête de me faire des adages. Qu'en dis-tu après tout ?

FALONNE

Ok…Ok je vais voir mais est-ce que tu as des vêtements qui peuvent vraiment séduire les hommes.

KARINE

Peut-être que tu m'en prêteras ; si tu le veux bien…

FALONNE

Ok ! Demain matin, sois matinal chez moi pour en préparer les choses. (*Et elles se quittassent*)

Sur le chemin du retour, Karine croise Christelle qui venait de chez elle avec des assiettes vides.

KARINE

D'où viens-tu comme ça avec des assiettes en main, es-tu allé donner de la nourriture à ton copain du quartier ?

CHRISTELLE

Ne pense pas comme ça. Tu me connais bien, je n'ai pas de copain mais j'ai une copine qui est toi. Dis-moi d'où viens-tu aussi toute souriante ?

KARINE

Toi d'abords, réponds-moi.

CHRISTELLE

Ok je viens à peine de chez toi pour vous saluer et vous apporter aussi de la nourriture que j'ai cuisinée aujourd'hui.

KARINE

Ah merci mon amie tu es vraiment une amie. Donc ta mère de laisse maintenant la cuisine pour que tu t'amuses ?

CHRISTELLE

Pas pour m'amuser mais pour leur faire de la nourriture. Je pense que j'en ai trop dit. D'où viens-tu maintenant ?

KARINE

Ma chère c'est le même problème d'argent qui m'a poussé chez Falonne.

CHRISTELLE

Donc tu veux me faire comprendre que tu es allé lui dire toutes la misère que vous vivez pour la suivre aussi ?

KARINE

Je pense que c'est l'une des meilleures solutions pour enterrer cette souffrance.

CHRISTELLE

Mais qu'est-ce que tu diras à ta mère qui déteste tant ces choses. Karine tu veux gâcher ta vie !

KARINE

Bon ! Quand elle va apprendre cela, ça serait maintenant trop tard pour m'arrêter.

CHRISTELLE

Non ! Je le lui dirai tout avant même que tu ne commences.

KARINE

S'il te plait abstiens-toi de cette affaire comme si tu étais au courant de rien.

CHRISTELLE

Comme tu insistes je m'abstiendrai de cette affaire mais avant tout sache que ce n'est pas le bon chemin que tu veux emprunter. (*Christelle rentra chez elle en se disant beaucoup de choses).*

IV. TABLEAU

KARINE, dans cette avant dernière partie va entrer en action rien que pour sortir sa mère de la pauvreté. C'est vraiment triste mais selon elle c'est le seul moyen pour couvrir cette pauvreté.

KARINE *(Tôt le matin, elle alla à la rencontre de Falonne pour la chose promis).*

Bonjour Falonne, voici je suis à l'heure pour notre super rendez-vous.

FALONNE

Salut ! Bon arrivé ! Tu es vraiment sérieuse, hein ?

KARINE

T'ai-je une fois fais des blagues ?

FALONNE

Non ! Allons-y pour l'habillement. (*Elles rentrèrent pour se mettre en sexy, un habillement aimées par les jeunes filles de notre temps moderne. Fini de s'habiller, elles ressortent toutes belles comme du jamais vu. Karine possédait toute beauté pouvant mordre les doigts aux hommes).* Super ! Tu es vraiment très belle Karine mais pas plus que moi, hein !

FALONNE (*Tient Karine par la main et l'apprend comment marcher avec les talons*)

Fait comme moi ! Il faut savoir fasciner les jeunes avec une belle démarche.

KARINE

Es-tu sûr que, je me briserais pas les dents si tôt ?

FALONNE

Non, surement pas tant que je serai auprès de toi. Tiens ce téléphone pour que je puisse te joindre ainsi que ceux qui voudront ton numéro. (*Elle lui remit un téléphone neuf qu'elle ne sait pas parfaitement manipuler*).

KARINE

Mais comment je fais si je reçois un appel ?

FALONNE

Ne joue pas à l'idiote mon amie ! Au fur et à mesure tu t'y habitueras. Voici la touche qui te permet de décrocher un appel.

KARINE

Merci pour ce que tu fais pour moi. (*Falonne prit Karine par la main et sortirent toutes ensemble. Sur le chemin, un jeune arrêta Karine et prit son numéro et après, un deuxième...)*

FALONNE

Il se pourrait que tu aies pleinement de la chance ou bien ils te trouvent plus belle que moi, la fille de sa mère ?

KARINE

Peut-être que je leur tourne énormément la tête. (*Voici Jonas qui vient de loin)*. Falonne jette un coup d'œil plus loin ; voici Jonas qui autrefois voulait me parler qui vient de loin. Regarde comme il est bien habiller.

FALONNE

Je pensais que tu allais le négliger encore !

KARINE

Ah non ! Cette fois ci, on est ensemble.

JONAS

Salut mes belles ! Où allez-vous avec ce parfum qui embaume tout le quartier ?

FALONNE

Hum…Quelle appréciation ! Nous nous baladons un peu pour juste prendre de l'air ; et toi, où vas-tu ?

JONAS

Je vais chez un ami ; vous m'accompagnez ?

KARINE

Bien sûr si tu le veux. Tu sais, ce qui s'est passé autrefois, c'était juste que je me suis pas entendu avec ma mère c'est pourquoi j'étais un peu sur les nerfs.

JONAS

Laisse tomber ! La vie est ainsi. Mais je sais que ça va maintenant entre ta mère et toi.

KARINE

Certainement ça va, merci. (*Ils continuèrent ensemble chez son ami du nom de Guizo)*

JONAS

C'est ici qu'il habite ; venez rentrez à l'intérieur. Guizo ! Il y a quelqu'un ?

GUIZO

Oui entrez ; je suis à l'intérieur. (*Etonné de voir les jeunes filles chez lui)* Bienvenu chez moi, prenez place. Comment allez-vous ; je vous apporte quelque chose à boire dans le frigo ?

JONAS

Oui, apporte-moi du jus d'orange ; et vous, vous ne prenez rien ?

KARINE

Bon moi, je veux seulement boire de l'eau bien glacée.

FALONNE

Tu ne prends pas une bonne chose c'est de l'eau tu veux ; apporte-nous du vin de France et de la Bière.

KARINE

Je ne supporte pas la dose de l'alcool.

FALONNE

Il faut t'habituer dès maintenant ma chère. Si tu ne boire pas d'alcool alors tu es encore une mauviette qui ne sait encore rien de la vie.

GUIZO

Certainement, il faut prendre de la boisson alcoolisée pour vivre le goût de la vie et la comprendre alors ne te joue pas aux mamans pasteur.

Après avoir mangé et bu, elles furent toutes soules et emportées par le sommeil. Ainsi dans leur fatigue et inconscience, les deux jeunes, prirent chacun une qui lui plait et leur faisaient l'amour comme ils le voulaient. Ils s'amusèrent et se moquèrent d'elles pour les avoir eu si facilement.

GUIZO

Mon ami, je suis fatigué ; il faut arrêter maintenant.

JONAS

Laisse-moi encore un peu de temps ; je veux juste me rattraper dans ce bon moment. On dirait que cette fille est vierge ?

GUIZO

Alors tu viens de lui montrer la vie! Tu es un garçon mais si les conséquences arrivent assumes-les.

JONAS

Il n'y aura pas de conséquence mon cher.

Après avoir fini de s'amuser, Guizo et son ami, s'habillent et sortent de la maison. Lorsque les filles furent réveillées, elles constatent qu'elles sont nues et certainement on leur avait fait l'amour. Karine qui n'avait jamais eu à coucher avec un homme se retrouve avec du sang dans sa partie intime. Elle fut automatiquement troublée en tremblant de peur.

KARINE

Falonne ! *(S'écria-t-elle)* Regarde ce qui se passe ; je suis nu et ce qui me semble inquiet est qu'il y a du sang dans ma partie intime ; comment je vais faire maintenant ; ils viennent de me violer ? *(Demanda-t-elle)*

FALONNE

Ah ! Ces garçons nous ont fait l'amour ! Comment est-il possible ; sans rien donner ils nous ont fait l'amour.

KARINE

Regarde, je saigne dans ma partie intime.

FALONNE

Ah tu viens de rentrer dans la danse. Donc tu étais vierge ! *(rire)* Bonne arrivée !

KARINE *(menaçante)*

Ça te fait rigoler ! Tu es vraiment coupable de ce qui m'arrive.

FALONNE

Dois-je pleurer parce que tu viens de perdre ta virginité ? N'a-t-il pas été dit que le renard passe, chacun a son tour chez le coiffeur Mamadou Keita ; Eh bien c'est ton tour aujourd'hui. Habille-toi et attendons-les ici.

KARINE

Nous devons les attendre pour quelle raison ?

FALONNE

Pourquoi es-tu idiote comme ça ! Ils finissent de nous faire l'amour et tu penses qu'ils vont s'en sortir sans nous payer ce qui nous est dû ?

KARINE

Donc c'est ainsi que tu vis ? Oh je me suis enterré vivante.

FALONNE

Tu envisageais me suivre donc c'est ça ma chère ; d'ailleurs une fois que tu connais ça, tu ne peux plus t'en passer.

KARINE

Et pourquoi ?

FALONNE *(tout doucement à son oreille)*

Parce que tu auras toujours l'envie.

Quelques minutes après voici, Guizo et son ami Jonas qui franchissent la porte pensant que les filles ont déjà quittées les lieux.

GUIZO

Je pense que ces gamines sont déjà allées chez elles, hein !

JONAS

Voyons voir si elles sont toujours à l'intérieur. *(Il ouvre la porte et les voit assises en train de les attendre)*. Elles sont encore là !

Salut ! Nous avons pensé que vous étiez déjà parti ?

FALONNE

Partir où ? Vous venez de nous faire l'amour et vous voulez qu'on s'en aille les bras valides ?

GUIZO

Qui vous a fait l'amour, nous ? Ne vous faites pas des imaginations mes chères.

KARINE

Donc vous voulez dire que ce sont les esprits qui nous ont mis dans cet état de nudité ?

FALONNE *(Menaçante*)

Ma chérie ne t'inquiète pas, avec moi seulement ils verront…

GUIZO (*Ne la laisse pas terminer*)

Tu comptes faire quoi ?

FALONNE

Faites vite, nous n'avons pas le temps pour écouter vos sottises.

JONAS

Alors, qu'est-ce que vous voulez qu'on fasse pour que vous partiez ?

FALONNE

Nous voulons notre salaire…

GUIZO

Tu as vu Jonas, il ne fallait pas venir avec ces filles ici ; voilà maintenant comment allons-nous faire ? Moi, je n'ai pas d'argent pour les payer.

JONAS

Ne me dit pas que je suis coupable de ce qui arrive maintenant ; tu étais obligé de leur faire l'amour ?

GUIZO

La somme d'argent qui reste sur moi, est pour le test de VIH-SIDA et ma nourriture du mois. Donc je suis désolé pour vous.

FALONNE

J'espère que vous vous êtes protégés.

KARINE

S'ils ne sont pas protégés, c'est que je suis morte. A mon âge si j'ai le sida, que dira ma mère.

FALONNE

Pense à ta vie d'abord avant de penser à ta mère.

JONAS

Bon ! Attendez moi là, je reviens ; je vais prendre de l'argent. (*Il sorti*)

FALONNE

S'il te plait, il faut aller vite…

Trente minutes plus tard, Jonas revient tout en transpirant. Il leur remit dix mille francs chacune pour éviter encore des disputes. Après leurs avoir remis leur salaire comme se disaient-elles, Falonne et sa copine Karine prirent leurs sacs à main et pâtirent.

Sur le chemin…

FALONNE

J'ai une part dans ton argent ; est-ce que tu le sais ?

KARINE

Quelle part ! De quoi parles-tu ; tu veux prendre ma part, c'est ça !

FALONNE

C'est moi qui t'ai faits venir ici, alors que tu le veule ou pas, j'aurai ma part dans ton argent. *(Elles se disputèrent jusqu'à ce qu'elles se quittent)*

Karine à la maison…

MERE DE KARINE

Ma fille où étais-tu durant ces deux derniers jours ; tu commences à découcher maintenant ?

KARINE

Pourquoi découcher, mère. J'étais chez Falonne et elle ma demandée de l'aider dans son ménage ; regarde je t'ai apporté de la nourriture.

MERE DE KARINE

Tu l'as achetés toi-même ?

KARINE

Oui !

MERE DE KARINE

Où tu as eu l'argent pour cet achat ?

KARINE

Maman laisse tomber.

Karine sortait tous les jours et ne s'intéressait plus à ses études ; elle sortait avec les garçons sans penser à son futur. Sa mère la conseillait à chaque instant mais elle se fichait des paroles de sa mère. Quelques temps après, elle aperçoit des signes étranges sur elle ; elle vomissait parfois, elle dormait suffisamment ; il se pourrait que c'est une grossesse qui est en cours. Ecoutons la suite de l'histoire pour que nous aussi, nous puissions marcher avec un bon pas.

MERE DE KARINE

Ma fille, tu as quel problème dans ces derniers temps ; tu ne fais que dormir.

KARINE

Ah ! Je ne sais pas qu'est-ce que ça peut être.

MERE DE KARINE

N'es-tu pas enceinte par hasard ?

KARINE

Pourquoi tu dis ça maman ?

MERE DE KARINE

Ce sont les signes de la grossesse ; si tu es réellement enceinte…

KARINE

Si c'est une grossesse, comment faire, dois-je avorter ?

MERE DE KARINE

Non ! Il n'est pas question que tu redises cela. L'avortement est défendu par la loi. Si tu avais prêté oreille à mes conseils, nous ne serons pas là aujourd'hui. Avant tout, nous allons faire un test pour savoir si c'est une grossesse.

V. TABLEAU

Dans l'optique de vérifier si les signes qu'elle aperçoit chez sa fille sont vraiment des signes d'une grossesse, la mère de Karine envoie sa fille dans une clinique.

MERE DE KARINE

Ma fille, pour voir si c'est une grossesse qui s'annonce, il faut faire un test. Apprête-toi pour qu'on parte dans une clinique la plus proche d'ici.

KARINE

Ok mère, je crains une apparition de grossesse ; je suis encore très jeune pour une grossesse.

MERE DE KARINE

Alors, il fallait bien prêter oreille à mes conseils d'autrefois.

KARINE (*Poliment)*

Mère, pardonne-moi ; pour le moment penchons-nous sur ma santé.

MERE DE KARINE

Ok… Allons-y ma fille.

Elles se mettent en route pour l'hôpital. Sur le chemin, Karine craignait déjà le résultat qui ne lui était pas encore donné. Après des minutes de marche, elles franchissent la cour de l'hôpital et Karine craignait fortement. Elle ignorait ce qui l'attendait.

MERE DE KARINE

Voilà ! Nous y sommes ; rentrons pour la consultation.

KARINE

Comment se passe-t-elle, la consultation ?

MERE DE KARINE

Tu verras quand nous y serons ; soit patiente. *Elles rentrèrent dans la salle de consultation et croisent une infirmière qui, après le test, annonce les résultats à la mère de Karine mais pas si vite.*

INFIRMIERE

Madame, les résultats sont très affreux et peuvent influencer la vie de votre jeune fille. Elle doit prendre un sang-froid pour pouvoir résister.

MERE DE KARINE

Infirmière, quel est le résultat ? Je pense que c'est une grossesse quand je fais mon constat.

INFIRMIERE

Madame ! En plus du résultat de la grossesse, il y a aussi une plus pire nouvelle.

MERE DE KARINE

Ah ! C'est encore un malheur qui vient dans notre maison ; et quelle est cette pire nouvelle, infirmière ?

INFIRMIERE

Le VIH-SIDA…

KARINE (*Dans les pleurs, les mains sur la tête*)

Je regrette d'avoir rejeté tes conseils, maman. Si je pouvais revenir dans mon passé, jamais je me foutrais de tes paroles … Je le regrette de tout mon cœur.

MERE DE KARINE

Les conseils d'une mère doivent être comme un guide pour son enfant mais tu as prétendu suivre tes camarades que moi ; où sont-elles aujourd'hui pour te consoler et pour te soutenir. Je me demande si tu es réellement ma fille… Je t'avais bien prévenu au départ et voilà que tu ne t'ais pas intéressé.

Je ne serai pas tous les jours-là, à tes côtés, ma fille. Apprend la vie ; comme tu l'as dit, comprend mon silence pour comprendre mes mots…

Elles quittèrent l'hôpital toutes désespérées et dans les pleurs...

La prostitution mène à une grossesse non désirée et peut être même le sida comme Karine. A l'issu de cette histoire, tirons en une leçon s'il en faut. Il ne faut pas courir après le matériel aveuglement. C'est ainsi qu'on peut dire que l'argent ne fait pas le bonheur. Dans le regret, Karine se suicida après avoir mise au monde un enfant qui lui aussi avait reçu le VIH SIDA dans le sein de sa mère. C'est triste...

FIN

A toutes les jeunes filles qui rejettent les conseils de leurs parents et qui prétendent suivre ceux de leurs amis. Voici un proverbe qui dit : Le secret de la vie n'est pas de vivre ce qu'on aime mais c'est d'aimer ce qu'on vit ; Parole de Arnaud Gospel, chantre de l'Eternel.

Printed by Books on Demand GmbH, Norderstedt / Germany